LOI

du 13 Juin 1857, S. 87,

SUR

LA CHASSE ET LA PÊCHE

avec Annotations et Arrêtés pour la mise à exécution,

Suppléments et Répertoire alphabétique

par **L. M. SCHUURMANN** et **P. H. JORDENS**

COMMIS AU GREFFE PROVINCIAL D'OVERYSSEL

TRADUCTION FRANÇAISE DE A. G. VAN DRIESTEN

Interprète juré à Lille

5me ÉDITION

COMPLÉTÉE JUSQU'A SEPTEMBRE 1883

LOI

du 13 Juin 1857, S. 87,

SUR

LA CHASSE ET LA PÊCHE

avec Annotations et Arrêtés pour la mise à exécution,

Suppléments et Répertoire alphabétique

par **L. M. SCHUURMANN** et **P. H. JORDENS**

COMMIS AU GREFFE PROVINCIAL D'OVERYSSEL

———wwww———

TRADUCTION FRANÇAISE DE A. G. VAN DRIESTEN

Interprète juré à Lille.

⚜

5ᵐᵉ ÉDITION

COMPLÉTÉE JUSQU'A SEPTEMBRE 1883

———————

ABRÉVIATIONS :

S......... *Journal officiel.*
C. V...... *Collection chronologique de Luttenberg.*
W. v. T' R. « *Journal du Droit* » *hebdomadaire.*
B. W ..... *Code civil.*

SUPPLÉMENTS

15 *Janvier* 1858. ARRÊTÉ du Ministre de la Justice, contenant prescriptions pour la mise en pratique de la loi du 13 Juin 1857, S. 87, sur la chasse et la pêche.

20 *Mai* 1874. ARRÊTÉ du Ministre des Finances, concernant les demandes de permission de pêcher dans les eaux de l'Etat.

LOI

du 13 Juin 1857, S. 87

SUR

LA CHASSE ET LA PÊCHE

Nous Guillaume III, par la grace de Dieu, Roi des Pays-Bas, Prince d'Orange-Nassau, Grand-Duc de Luxembourg, etc., etc., etc.

A tous ceux qui verront, ou entendront lire ceci, salut, faisons savoir :

Comme nous avons pris en considération qu'il est nécessaire de reviser la loi du 6 Mars 1852 (S. 47) et de la remplacer par une nouvelle loi sur la chasse et la pêche,

Nous avons, entendu le Conseil d'Etat et d'un commun accord des Etats-Généraux, décidé et prescrit, comme par la présente nous décidons et prescrivons :

ARTICLE PREMIER.

Chacun qui chasse ou pêche sur son propre terrain ou dans ses propres eaux ou sur les terres et dans les eaux où il possède le droit de chasse, doit être muni d'un permis qu'il devra montrer à première réquisition aux fonctionnaires chargés de la surveillance de la chasse et de la pêche.

---

(1) Il est défendu, aussi bien par l'art. 641 du Code civil que par les art. 1 et 2 de cette loi, d'établir un droit de chasse spécial, séparé de la propriété du terrain. Ainsi le droit de chasse ne peut plus produire un objet de propriété, à moins qu'il ne soit né avant la mise en vigueur du Code civil. (Arrêt du Conseil supérieur du 28 Juin 1861, W.v.ᴛ'R.2288.)

Sous la présente législation, on ne peut obtenir la possession spéciale d'un droit de chasse, et celui obtenu sous une législation antérieure ne peut pas être continué. (Jugement du 17 Octobre 1860, W.v.т' R. 2224.)

Par arrêt du Conseil supérieur du 9 Février 1874, W.v.т' R.3699, il a été décidé que là où un droit de chasse spécial , séparé de la propriété foncière, n'est pas prouvé, le propriétaire seul peut, selon la loi, donner la permission de chasser sur ses terres ou bien faire la déclaration qu'à cause du fait de chasse prévu à l'art. 39 de la loi sur la chasse, on ne désire pas de poursuites.

Cette loi est applicable à la pêche qui est pratiquée dans tous les fleuves, rivières et cours d'eau quelconques, situés dans les limites du royaume.

Le « Hollandsch Diep » n'est pas « mer »; il est « rivière », car il faut nommer « rivière » les masses d'eau douce qui sont formées par des sources et ruisseaux, qui sont renfermées entre des bords de verdure, coulent sur un lit en pente et se jettent dans la mer ou dans une autre rivière. Cette définition est parfaitement applicable au « Hollandsch Diep. » (Jugement du Tribunal d'arrondissement à Dordrecht du 5 Avril 1869, W.v.т'R.3102.)

ARTICLE 2.

Pour exercer la chasse ou la pêche sur les terres d'un autre, par suite de permission, de location ou d'affermage, il faut, en outre, être muni d'un permis écrit du propriétaire ou ayant-droit, à exhiber comme il est prescrit dans l'art. précédent.

Cette prescription n'est pas applicable quand la chasse ou la pêche s'exerce en compagnie du propriétaire ou ayant-droit et non plus sur les fermiers ou locataires, à moins qu'à l'affermage ou à la location, le droit de chasse ou de pêche n'ait été réservé.

En ce qui concerne les terres et eaux mentionnées dans les art. 577 et 579 du Code civil, l'Etat est considéré comme ayant-droit.

Pour la pêche à la ligne dans ces eaux, il n'est exigé de permission d'aucune nature.

Le permis écrit, dont parle le premier paragraphe de cet article comme toutes les autres permissions par écrit de propriétaires ou ayant-droit, est exempt de timbre et d'enregistrement.

(2) Alinéa 1. — L'arrêté du Prince-Souverain du 8 Février 1815 ne s'applique pas à un droit de chasse non seigneurial, qui a été obtenu séparément *titulo oneroso*. (Jugement du Tribunal de canton à Bois-le-Duc du 25 Septembre 1863, W.v.т' R.2546 ; du Tribunal d'arrondissement à Bois-le-Duc du 10 Novembre 1863, W.v.т' R.2547.)

La permission du propriétaire foncier donne le droit de chasser, si le droit de chasse sur ces terres, d'un autre, n'est pas prouvé. (Arrêt du Conseil supérieur du 3 mai 1864, W.v.т' R.2591.)

Par l'arrêt du Conseil supérieur des Pays-Bas, du 23 Juin 1873, W. v. т' R. 3616, il est entre autres, entendu que bien que le fait imputé dans l'assignation à l'accusé d'avoir sans permission chassé sur les terres d'autrui, ne mentionne pas que par là on a pris du gibier, cette dernière circonstance, quoique faisant en soi partie de la contravention, doit néanmoins être considérée comme ayant été exprimée, si de l'enquête il résulte que lors de cette chasse on s'est emparé de gibier.

Bien que les différends sur le droit de propriété de la chasse ou sur le droit de chasse seigneurial même, entre seigneurs et propriétaires d'un côté et les propriétaires fonciers d'un autre côté, doivent être décidés par le Tribunal civil, il ne s'ensuit pas qu'un juge au criminel ou correctionnel ne pourrait décider si par un fait de chasse on a commis une infraction à un droit de chasse seigneurial.

En effet, ni par une permission sous main donnée par des propriétaires fonciers à des tiers, ni par la prétention d'un accusé qu'un droit de chasse seigneurial serait aboli par un arrêté d'Etat antérieur et n'aurait pas été légalement rétabli, il ne saurait être créé un différend en droit civil, que le juge au civil pourrait seul trancher. (Arrêté du Conseil supérieur du 19 Janvier 1704, W.v.т' R 3696.)

Le mot « *ayant-droit* » désigne celui qui possède le *droit effectif de chasse ou de pêche sur la terre d'autrui*, par conséquent celui qui prend en location le droit de chasse s'en trouve exclus, ce d'où il s'ensuit que là où le propriétaire a loué le droit de chasse, lui seul et non le preneur en bail, a qualité pour donner de son chef une permission de chasser. (Arrêt du Conseil supérieur du 1er Novembre 1880, C.V.)

Alinéa 3. — Ces articles disent :

Art. 577. Appartiennent également à l'Etat les routes et rues qui sont à sa charge, les rivages de la mer, les fleuves et rivières navigables, les îles grandes et petites et les places qui surgissent dans ces eaux, comme les ports et chantiers, sans préjudice des droits acquis par titre ou possession de particuliers ou communautés.

Art. 579. Sont aussi considérés comme propriété de l'Etat tous terrains et bâtiments, appartenant aux fortifications du pays, et conséquemment tous terrains où sont érigés des ouvrages de défense, comme : des remparts, épaulements, canaux, chemins couverts, glacis ou ouvrages avancés, plaines où sont érigés des bâtiments de guerre, lignes, postes, retranchements, redoutes, digues, écluses, cours d'eau et leurs bords, également sans préjudice des droits acquis, de particuliers ou communautés

Là où des particuliers sont en possession d'une rivière navigable, l'Etat ne peut, d'après cet article, être considéré comme ayant-droit.

Une rivière quoique navigable, mais étant en possession des propriétaires qui y confinent et coulant entre leurs terres, est, pour ce qui concerne le droit de pêche, à considérer comme un canal ou fossé entre deux propriétés, qui sont supposées être communes et où chaque propriétaire avoisinant peut pêcher, sans être tenu à la moitié de la largeur. (Arrêt du Conseil supérieur du 6 Mars 1860, W.v.т' R.2150.)

Pour l'application de l'art. 577 B. W. (Code civil) où on parle de « fleuves et rivières flottables et navigables », il n'est pas fait de différence entre un canal formé par la nature ou creusé par la main de l'homme.

Dans le mot pêche, doit être comprise la pêche dans les eaux d'intérieur.

Le 3e alinéa de cet article doit être interprété par ceci, que pour les eaux mentionnées dans les art. 577 et 579 B. W., l'Etat est à considérer comme ayant-droit pour l'application de la loi sur la chasse et la pêche en tant que cette loi y est en général applicable. (Arrêt du Conseil supérieur du 27 Décembre 1871, W. v. r' R. 3425 et 3460.)

Alinéa 4. — La qualité attribuée par cet alinéa ne se borne pas aux cas où l'Etat, propriétaire de l'eau, est également ayant-droit pour la pêche. (Arrêt du Conseil supérieur du 14 Octobre 1879, C. V.)

ARTICLE 3.

Le droit de chasse que des tiers ont sur des terres ou eaux, peut être racheté par ceux-ci, quand même le contraire serait expressément convenu.

La Direction des domaines a qualité pour ce rachat aux conditions à établir par Nous.

En cas de désaccord sur le prix de rachat, celui-ci sera fixé par le Tribunal de l'arrondissement dans lequel ces terres ou eaux sont situées, après avoir entendu des experts.

Passant en mains étrangères, le droit de chasse ou de pêche ne peut être séparé de la propriété du sol.

(3) Dernier alinéa. — Sous l'empire de la loi sur la chasse de 1814, le droit de chasse pouvait être vendu par le propriétaire séparément du reste de la propriété. (Arrêt du Tribunal provincial d'Overyssel du 5 Novembre 1860, W. v. r' R. 2319.) Voyez aussi arrêt du Conseil supérieur du 6 Janvier 1860, W. v. r' R. 2135.

La loi actuellement en vigueur reconnaît un droit de chasse et de pêche séparé du sol et de l'eau, et elle entend ceci comme objet de commerce.

A la défense de séparer, allant en mains étrangères, le droit de chasse et de pêche du sol ou de l'eau, il ne peut être donné d'effet rétroactif d'où il s'ensuivrait que par là le droit de chasse acquis avant 1838 serait annulé. (Jugement du Tribunal d'arrondissement de Nimègue du 25 Juillet 1864, W. v. r' R 2632.)

Art. 641 B. W. défend, comme l'art. 3 de la loi sur la chasse, d'établir par la suite un droit de chasse spécial, séparé de la propriété du sol.

L'action pour maintenir, en cas d'empêchement de fait, l'exercice du droit de chasse, ne peut donc être introduite que dans le cas de possession par titre, dont l'existence date d'avant l'introduction du B. W. (Code civil.)

Sous réglementation du périmé dans l'art. 2030 B. W., n'est pas comprise la décision sur la demande, si le périmé est admis ou non.

Art. 641 B. W. défend au propriétaire de vendre son terrain et de se réserver le droit de chasse, et si néanmoins cela s'est fait, l'acheteur de la terre devient malgré cela, aussi propriétaire du droit de chasse. (Arrêt du Conseil supérieur du 26 Novembre 1869, W. v. r' R. 3162.)

ARTICLE 4.

Sous la réserve des droits de tiers, il Nous est donné la jouissance de la chasse : des seigneuries het Loo et Borculo, de Naaldwijk et de l'Orange-polder, aussi longtemps que le rachat du droit de chasse, auquel s'applique l'art. 3, n'aura pas eu lieu, et de plus, des terrains domaniaux :

a. Les dunes bornant la mer, depuis Hoek van Holland jusqu'au village de Noordwijk aan Zee ;

b. Les domaines de la Couronne.

ARTICLE 5.

Les actes de chasse et de pêche sont demandés sur papier non timbré à Notre Commissaire dans la province, où le requérant est domicilié, et délivrés par ce Commissaire conformément au modèle établi par Notre Ministre chargé des affaires de la chasse et de la pêche.

Pour des mineurs, les demandes sont faites par leurs parents ou tuteurs.

Les actes sont valables du 1er Juillet jusqu'au 30 Juin de l'année suivante, inclusivement, et pour tout le royaume.

(5) Voyez pour les demandes d'actes, etc., l'arrêté du Ministre de la Justice du 15 Janvier 1858, mentionné ci-après, en supplément.

ARTICLE 6.

En dehors du droit de timbre, selon la loi, lequel, quand même on ne viendrait pas réclamer l'acte demandé, reste à la charge des requérants, il y a à payer :

Pour un grand permis de chasse, pour tout acte de chasse quel qu'il soit mais permis, trente florins ;

Pour un grand permis de chasse comme ci-dessus, à l'exception de la chasse à courre et la chasse au faucon, quinze florins ;

Pour un petit permis de chasse pour actes de chasse dénommés dans l'art. 15, lett. *e, f* et *g*, cinq florins ;

Pour un grand permis de pêche, pour l'usage de tout attirail de pêche autorisé, cinq florins ;

Pour un petit permis de pêche, pour l'usage d'un seul appareil de pêche, à spécifier dans l'acte, un florin cinquante cents.

Il reste réservé à la décision de Notre Commission de la province, de permettre, par acte gratuitement délivré, à des journaliers ou ouvriers l'exercice de la chasse, selon l'art. 15 lett. *g*, et à des personnes notoirement indigentes, l'exercice de la pêche avec un seul appareil de pêche, à condition qu'il soit produit une preuve suffisante de l'indigence et que les intéressés produisent le consentement écrit des propriétaires, dont il sera fait mention dans le permis.

Le permis gratuit sera montré à première réquisition aux fonctionnaires chargés de la surveillance.

(6) Alinéa 2. — Voyez pour les permis gratuits les arrêtés du Ministre de la Justice du 15 Janvier 1858 et du Ministre des Finances du 20 Mai 1874, ci-annexés comme suppléments.

ARTICLE 7.

Un acte (ou permis) ne peut servir que pour celui au nom de qui il a été délivré.

Pourtant le maître peut aussi obtenir un permis pour son garde-chasse ou son garde-pêche.

Les fils, âgés de moins de dix-huit ans, habitant chez leurs parents, peuvent accompagner, en chassant, leur père ou son chasseur.

ARTICLE 8.

Un grand acte de chasse ou de pêche donne l'autorisation d'exercer toute chasse ou pêche non défendue par cette loi ou par les dispositions dont, parlent les deux articles suivants.

ARTICLE 9.

En tant qu'il n'y a pas déjà été pourvu, il sera établi, sous Notre approbation, pour chaque province, par les Etats, un règlement sur l'exercice de la chasse et la pêche, pour indiquer :

a. Les endroits pour l'exercice de la chasse spéciale au gibier d'eau ;

b. L'époque où la chasse au gros gibier sera permise ;

c. Les sortes d'appareils de pêche et la grandeur des mailles des filets de pêche, et

d. La largeur exigée pour les canaux faisant l'objet des art. 12 et 13.

---

(9) *c.* Les Etats provinciaux empruntent à l'art. 9 *c* la faculté de faire dépendre l'emploi d'un appareil quelconque de pêche, après qu'ils l'ont déclaré permis, de l'état de l'eau où la pêche doit avoir lieu. (Arrêt du Conseil supérieur du 2 Octobre 1882, C. V.)

ARTICLE 10.

La manière d'exercer la pêche du saumon sera réglementée par Nous, après avoir entendu les Chambres des Députés.

---

(10) Réglementé par arrêté du 10 Octobre 1871, S. 103.

ARTICLE 11.

Les Etats-Députés fixent annuellement l'époque d'ouverture et de fermeture de la chasse et de la pêche, ainsi que les jours de la semaine où la courte chasse ou la chasse à courre peut être exercée, et Notre Commissaire de la province en fait la publication au moins huit jours avant l'ouverture ou la fermeture.

De la même façon ils décident, selon que l'état du gibier ou des circonstances locales l'exigent, si la chasse d'une sorte de gibier quelconque, ainsi qu'une pêche quelconque doit n'être pas ouverte, ou bien être restreinte, soit dans toute la province, soit dans des endroits déterminés, ainsi que le nombre de pièces de gros gibier du sexe masculin ou féminin, et combien de lièvres peuvent être en un seul jour tirés ou pris, de ces derniers soit par un seul chasseur ou dans des battues ou les chassant devant soi, par tous les chasseurs ensemble, et ensuite pendant combien de temps les canards producteurs doivent être enfermés par l'éleveur.

ARTICLE 12.

Il n'est exigé aucun permis de chasse ni aucune autorisation spéciale :

a. Pour la chasse par le propriétaire ou ayant-droit dans les jardins d'agrément ou de culture ou de maisons de campagne, renfermés entièrement dans des murs, clôtures en planches, des haies ou des fossés remplis d'eau ;

b. Pour tirer les oiseaux nuisibles dans les jardins ou vergers, par le propriétaire ou l'ayant-droit ou sur leur ordre.

ARTICLE 13.

Il n'est exigé aucun permis de pêche :

a. Pour ceux qui assistent le possesseur d'un permis de pêche, celui-ci étant présent, dans le maniement d'un appareil de pêche qu'une seule personne ne peut manier, y compris la pêche du saumon et de la lamproie, ainsi que la pêche avec le tramail ou avec le fil embrouillé ;

b. Pour la pêche par le propriétaire ou l'ayant-droit, dans l'eau qui ne communique pas avec une autre eau, ou dans des eaux situées dans des maisons de campagne et des jardins de plaisance et de culture, renfermés de tous côtés dans des murs, des cloisons, des haies ou des fossés d'eau ; ces fossés mêmes étant compris dans les eaux de cette nature;

c. Pour la pêche à la ligne.

---

(13) *a.* Ceux qui assistent le possesseur d'un permis de pêche dans la pêche au filet-traîneau, s'ils ne sont pas pourvus d'un permis du propriétaire ou de l'ayant-droit ne sont néanmoins pas punissables (Jugement du Tribunal d'arrondissement d'Amersfoort du 29 Septembre 1864, W.v.T' R. 2639.)

D'après la lettre *a* de cet article il n'est exigé, il est vrai, aucun permis pour ceux qui aident au maniement d'un appareil de pêche qu'une seule personne ne peut manier, permis tel que le stipule l'art. 1, mais ceci s'applique évidemment à l'exercice de la pêche permise, la pêche défendue ne pouvant être validée par un permis. (Arrêt du Conseil supérieur du 25 Janvier 1865, W.v.T' R.2672.)

ARTICLE 14.

Des permis de chasse ne pourront être donnés à :

a. Des militaires de la maréchaussée en dessous du rang d'officier ; des employés de la finance du royaume en dessous du rang de commis ; des agents de justice et de police. Ces derniers, en tant qu'ils sont salariés, conservent le droit des fonctionnaires de la police du royaume, de tirer les animaux nuisibles conformément à l'art. 29 ;

b. Des personnes interdites, à moins qu'elles ne soient autorisées à en demander par leur curateur ;

c. Des personnes en dessous de dix-huit ans ;

d. Des personnes à qui il est défendu, par la loi ou par sentence judiciaire, de porter un fusil ou d'autres armes ;

e. Des personnes qui ont subi une condamnation infâmante, tant qu'elles ne sont pas réhabilitées.

Les personnes désignées par *d* et *e* peuvent néanmoins être autorisées aux faits de chasse stipulés dans l'art. 15, lett. *e, f, g* et *h.*

Une permission peut être refusée à un condamné pendant les deux premières années qui suivront le jour où une condamnation pour avoir chassé sans permis, ou pour une des infractions, punissables selon les art. 41 ou 42 de cette loi, aura acquis force de loi.

(14) Dernier alinéa. — Conformément à cet alinéa, les fonctionnaires du Ministère public près des tribunaux de canton, sont chargés de signaler mensuellement au Maire du domicile ou du lieu de séjour du condamné, toute condamnation pour fait de chasse sans permis, ou pour des infractions, punissables selon les art. 41 ou 42 de la loi. (Lettre du Ministre de la Justice du 6 Septembre 1878, C. V.)

ARTICLE 15.

Par « chasser », la présente loi entend l'exercice d'un des faits de chasse, permis, suivants :

a. Avec des faucons ou des buses, mais sans chiens ;

b. Avec des chiens courants (chasse à courre), mais sans armes à feu et pas plus de cinq chiens ;

c. Avec le fusil et avec ou sans chiens d'arrêt ou braques ;

d. Tirer le gibier d'eau ;

c. L'attrape des cailles au gros fil ou à l'émouchette ;

f. La prise de gibier d'eau, désigné dans l'art. 17, avec des filets à deux battants (à ressort) ;

g. La prise de bécasses au filet tendu, mêlé ou à piège ;

h. La prise de canards dans une canardière ou des constructions analogues.

Toutes autres tentatives ou moyens pour rechercher du gibier, s'en emparer ou le tuer soit avec des tord-cou, des cannes à épée, pistolets ou autres armes cachées, filets à traîneau, longs filets, filets endigués et pièges à gibier et à lapins, sont défendus.

Il est également défendu de se trouver, muni de ces objets, dans les champs, hors des routes ou sentiers publics.

(15) En énumérant dans cet article les faits de chasse permis, le législateur n'avait pas l'intention d'indiquer par là la manière dont chacun d'eux pouvait exclusivement être exercé, dont il s'ensuit qu'en tant que la nature de chaque fait spécial de chasse le permet, l'emploi d'autres moyens de chasse que celui ou ceux nominativement indiqués à ce fait

spécial, sauf les exceptions sous *a* et *b*, est facultatif ; le deuxième alinéa de l'art. 15 ne décidant ensuite rien, concernant la manière dont les faits de chasse permis, énumérés dans le premier alinéa, peuvent être exercés. (Arrêt du Conseil supérieur du 10 Mai 1880, C. V.)

b. L'exercice de la chasse à courre sans coopérateurs ou aides est possible. (Arrêt du Conseil supérieur du 24 Décembre 1861, W.v.t' R.2353.)

A défaut d'une définition dans la loi, quels agissements sont à comprendre dans l'expression : aide ou assistance à l'exercice de la chasse, il est laissé au *judex facti* de juger quels faits établissent ou cette assistance ou bien la chasse personnelle seulement. (Arrêt du Conseil supérieur du 15 Mars 1864, W.v.t' R.2579.)

Alinéas 3 et 4. — Par arrêt du Conseil supérieur du 2 Août 1851, W.v.t' R. 2091, il est entendu, que toutes les tentatives, sans distinction , pour rechercher ou tuer du gibier, ne sont pas, dans le sens de la loi, à considérer comme faits de chasse.

Pour qu'il soit considéré comme exerçant la chasse, il n'est pas nécessaire que le contrevenant à la loi sur la chasse tire un coup de fusil ou s'empare de gibier juste au moment où les employés autorisés le trouvent en contravention sur le terrain de chasse ou sur l'eau ; il suffit pour cela qu'il soit muni des appareils nécessaires pour exercer cet acte, là où il s'exerce habituellement. (Arrêt du Conseil supérieur du 18 Juillet 1859, W.v.t' R.2084.)

Par *chemins publics*, la loi sur la chasse entend tous les chemins, routes et sentiers, qui, de quelque nature qu'ils soient, sont ouverts au public et servent à celui-ci. (Arrêt du Conseil supérieur du 22 Mai 1860, W.v.t' R. 2173.)

Le législateur a voulu punir *toutes* les contraventions à cette loi, bien que les art. 15 et 22 comprennent dans un sens général ce qui est entendu par la chasse et la pêche, et à cause de la différence entre des contraventions sur la chasse et sur la pêche, chaque contravention doit être nécessairement rapportée à une de ces deux catégories. (Arrêt du Conseil supérieur du 14 Avril 1863, W.v.t' R.2476.)

La simple possession de lacets dans un champ, en dehors des chemins et sentiers publics, sans que l'on s'en soit servi, est déjà en soi-même considéré comme « *delictum sui generis* », punissable ; leur usage doit être comme une tentative punissable, de s'emparer du gibier.

Replacer des lacets constitue le même délit que leur pose primitive. (Arrêt du Conseil supérieur du 19 Décembre 1866, W.v.t' R 2876.)

Pour l'application de l'art. 15, il est indifférent que l'on s'empare de gibier au moyen de lacets qu'on a placés soi-même, ou que d'autres ont placés. (Arrêt du Conseil supérieur du 20 Mai 1868, W.v.t' R.3012.)

ARTICLE 16.

L'emploi, pendant la fermeture de la chasse, des chiens d'arrêt pour le gibier dans les champs, les battues pour le gros gibier et les animaux nuisibles, ainsi que sur les pistes dans la neige, la prise et le transport de faisans et de coqs de bruyère ou de gelinottes peuvent se faire, après en avoir obtenu la permission, délivrée gratuitement par Notre Commissaire de la province.

La demande du consentement aussi bien que ce consentement lui-même sont affranchis du timbre.

Le consentement doit être montré à première réquisition aux fonctionnaires chargés de la surveillance.

---

(16) Par circulaire du Ministre de la Justice du 22 Septembre 1857, C. V., il est donné des instructions pour les battues.

Pour ce qui est considéré comme battues, voir l'arrêt du Conseil supérieur du 22 Avril 1863, W. v. t' R. 2477.

Article 17.

Sous la dénomination de gibier, on comprend :

Gros gibier : Les cerfs et chevreuils ;

Menu gibier : Les lièvres, faisans, coqs de bruyère, perdrix, bécasses et cailles ;

Gibier d'eau : Les canards, plongeons, poules d'eau, bécassines, pingouins, campines, jabirus, courlis et pluviers.

Article 18.

Il est défendu de chasser :

a. Le dimanche ;

b. Avant le lever et après le coucher du soleil, excepté les faits de chasse désignés sous lettres *e, f, g* et *h* de l'art. 15 et le tir des canards, qui sont tous permis une demi-heure avant le lever et une demi-heure après le coucher du soleil ;

c. Sur les pistes de neige, à l'exception des battues mentionnées dans l'art. 16, du tir de gibier d'eau au bord de la mer et sur les rives de rivières, lacs et pièces d'eau, et ensuite des faits de chasse mentionnés sous lettres *g* et *h* de l'art. 15 ;

d. A haute marée, c'est-à-dire là où, à l'exception des hauteurs où le gibier peut trouver un refuge, le sol est submergé ;

e. D'une autre manière que celle indiquée dans l'art. 15 *h,* en dedans de la portée d'une canardière enregistrée et entourée d'un bornage, même au propriétaire ou à celui qui en a l'usage par suite d'une autorisation à lui donnée ;

f. Les coqs de bruyère ou gélinottes, au moyen de cachettes, dites guérites à guetter, ou de cachettes et embuscades de semblable nature, autrement qu'à des chasses à la poussée, et de faire des tentatives pour s'emparer ainsi de ce gibier.

En dedans de l'enceinte indiquée sous lettre *e*, il est, de plus, défendu de faire sans nécessité aucun bruit quelconque ou quoi que ce soit qui puisse déranger ou chasser les canards qui s'y trouvent.

---

(18) *a.* Non pas les jours fériés. (Jugement du 27 Janvier 1858, W.v.т' R. 2477.)

Il n'est pas défendu de *pêcher* le dimanche. (Arrêt du Conseil supérieur du 7 Avril 1857, W. v. т' R. 1948.)

Le détenteur d'une permission de chasser les animaux nuisibles peut aussi s'en servir pour chasser les lapins pendant qu'il y a de la neige à piste, si ceci n'est pas expressément défendu dans le permis. (Jugement du juge cantonal de Naarden du 28 Avril 1864, W.v.т' R.2629, et arrêt du Conseil supérieur du 2 Novembre 1864, W.v.т' R.2648.)

La chasse sur la neige à piste, défendue dans cet article, veut dire : chasser dans une chasse tellement couverte de neige, qu'en y suivant la trace du gibier, on peut arriver à l'endroit où il se tient caché. (Arrêt du Conseil supérieur du 2 Mai 1871, W.v.т' R.3332.)

Le fait que la neige qui se trouve sur le sol est telle qu'elle reçoit et conserve les empreintes du gibier qui y passe, de façon que celles-ci puissent se voir, est en soi-même et seul suffisant pour établir l'état de choses que la loi entend *par neige à piste*, et pour que cet état de choses existe, il n'est pas nécessaire que les traces ou empreintes peuvent en toute circonstance conduire à la découverte du gibier. (Arrêt du Conseil supérieur du 1er Novembre 1875, W.v.т' R.3933.)

Article 19.

Il est défendu de chasser ou de pêcher en temps de fermeture de la chasse ou de la pêche.

Pendant l'ouverture de la chasse et de la pêche, on ne peut chasser et pêcher qu'en observant les prescriptions de cette loi et des règlements et dispositions mentionnés dans les art. 9, 10 et 11.

Cet article ne s'applique pas aux propriétaires ou ayant-droit de pêcheries qui n'ont pas de communication avec d'autres.

ARTICLE 20.

Celui qui tente, sans le permis exigé, ou pendant la fermeture de la chasse, de tracer, de prendre ou de tuer du gibier, sans posséder le consentement dont parle l'art. 16, ni l'autorisation exceptionnelle, mentionnée dans l'art. 26, est punissable selon le premier paragraphe de l'art. 40.

Ceci comprend le cas où il se trouverait en campagne avec une arme à feu chargée ou s'il ne prend pas les soins nécessaires pour empêcher que le chien ou les chiens qui l'accompagnent tracent, chassent ou saisissent du gibier.

(20) Les aides à la chasse à courre sont dispensés d'un permis particulier. (Arrêt du Conseil supérieur du 17 Février 1858, W v.T'R.1935, C.V.)

— L'expression « *arme à feu chargée* » a trait à une charge capable de tuer du gibier, par conséquent à une charge à balle ou à plomb. (Arrêt du Conseil supérieur du 2 Mai 1881, C. V.)

ARTICLE 21.

Il est défendu :

a. De tuer ou de prendre des vanneaux ;

b. De prendre des rossignols et de déranger leurs nids ;

c. De transporter des rossignols ;

d. D'établir à moins d'une aune au-dessus du sol les lacets pour prendre les grives ;

e. De prendre sur les terres, appartenant à des tiers, des grives, des alouettes ou des pinsons, autrement qu'avec la permission écrite ou en compagnie du propriétaire ou de l'ayant-droit.

Pour des raisons tout à fait spéciales, Notre Ministre, chargé des choses de la chasse et de la pêche, peut donner la permission pour le transport des rossignols.

Les rossignols saisis, lors des contraventions et condamnations, sont remis en liberté, dès qu'ils ne sont plus nécessaires au procès.

Article 22.

Il est défendu de chercher ou de ramasser les œufs de gibier, de les vendre, de les exposer en vente ou de les transporter.

Cette défense ne s'applique pas aux œufs de canards sauvages, ni, pendant les mois de Février, Mars et Avril, aux œufs de gibier d'eau, désigné dans l'art. 17, et de vanneaux, pourvu que la recherche et le ramasser, sur des terres appartenant à des tiers, aient lieu en compagnie du propriétaire ou de l'ayant-droit ou avec leur permission écrite, à montrer à première réquisition aux fonctionnaires désignés à l'art. 36.

La vente, la mise en vente ou le transport d'œufs de vanneaux sont permis jusqu'au 5 Mai inclusivement.

---

(22) *Œufs de vanneaux.* — La recherche, le ramasser et le transport ne sont pas soumis à une pénalité. (Jugement du 4 Juillet 1861 , W. v . т' R . 2298 et du 8 Septembre 1863 , W. v . т' R. 2545.) La recherche et le ramasser d'œufs de vanneaux doivent être rapportés aux délits de chasse. (Jugement du 15 Août 1862 , W. v. т' R. 2405 ; arrêt du Conseil supérieur du 14 Avril 1863, W. v. т' R. 2476.)

Puisqu'il est permis, par cet article, de chercher dans le mois d'Avril, des œufs de vanneaux et de gibier d'eau sur les propriétés de tiers, pourvu que l'on soit accompagné du propriétaire ou de l'ayant-droit, ou nanti de leur permission écrite, il ne peut y être question de l'art. 475, no 9, du Code pénal. (Arrêt du Conseil supérieur du 31 Août 1869, W. v. т' R. 3147.)

Article 23.

Les possesseurs de permis, s'ils doivent passer sur des terres où ils n'ont pas le droit de chasser, sont obligés de tenir leurs chiens en laisse.

Si les chiens cherchent ou poursuivent du gibier sur ces terres, le détenteur du permis est obligé de les rappeler ou de les ramener.

Dans ce dernier cas, s'il chasse avec le fusil, il est obligé de le déposer, avant de se rendre sur la propriété d'un autre.

---

(23) *Détenteurs d'actes.* Voyez à ce sujet l'arrêt du Conseil supérieur du 16 Octobre 1860, W. v. т' R. 2219.

ARTICLE 24.

Par pêcher, on entend la mise dans l'eau, le lever ou le remonter de filets de pêche, de paniers ou d'autres appareils de pêche, ainsi que l'emploi de tous autres moyens pour prendre ou tuer du poisson.

---

(24) Enlever par ruse et malice le poisson, pris dans la nasse d'un autre, ne doit pas être considéré comme une contravention à cette loi, mais c'est à qualifier vol. (Arrêt du Conseil supérieur du 17 Octobre 1871, W.v.t' R. 3395.)

ARTICLE 25.

Excepté dans les eaux désignées dans l'art. 13 *b*, il est défendu :

a. De prendre le frai de poisson ;

b. Quand on pêche au traîneau , de retirer de l'eau, la partie dite la fosse, avant de l'avoir retournée dans l'eau ;

c. De pêcher ailleurs que dans des rivières, fleuves, lacs et pièces d'eau, quand l'eau est couverte de glace, à moins d'une permission de Notre Commissaire de la province ;

d. D'attraper du poisson à l'aide de poison ou de moyens étourdissants ;

e. D'empêcher le passage du poisson par des filets de barrage, y compris l'usage de filets de pêche pour détourner le poisson. Cette stipulation n'est pas applicable à l'usage des filets-valves pour prolonger les ailes des nasses, établies pour prendre la petite et la grosse anguille ;

f. De pêcher avec le harpon ou des lacets.

---

(25) *d*. — Ainsi que d'étourdir le poisson par des moyens violents, comme de les frapper avec des troubleaux. (Arrêt du Conseil supérieur du 17 Février 1858, C. V., W.v.t' R.2082.)

e. — L'usage de filets pour la pêche active, conformément à la destination autorisée, est, sous lettre *e*, interdit, lorsque l'appareil qu'on emploie prend toute la largeur de l'eau où la pêche a lieu et que par là on empêche le passage du poisson. (Arrêt du Conseil supérieur du 3 Novembre 1879, W.v.t' R.4446 ; C. V.)

f. — Une faucille n'est pas un instrument de pêche défendu ; il n'y avait donc pas lieu, en pêchant sans permis, de considérer l'emploi de cet objet comme une circonstance aggravante. (Arrêt du Conseil supérieur du 20 Avril 1864, W.v.T' R.2593.)

La canne à anguille ou foène est un instrument de pêche autorisé. (Arrêt du Conseil supérieur du 31 Janvier 1871, W.v.T' R.2498.)

ARTICLE 26.

Notre Ministre, chargé des choses de la chasse et de la pêche, prescrira des mesures contre le préjudice résultant de la trop grande multiplication du gibier ou des animaux nuisibles.

Il a pouvoir pour accorder des autorisations exceptionnelles, pour s'emparer, au moyen d'armes à feu ou d'une autre façon, pendant l'ouverture ou la fermeture de la chasse, de gibier ou d'animaux nuisibles, en spécifiant si l'emploi de chiens est permis.

Les demandes d'autorisations de cette nature, ainsi que ces autorisations mêmes, sont affranchies du timbre.

Ces dernières doivent être montrées, à première réquisition, aux fonctionnaires chargés de la surveillance de la chasse et de la pêche.

---

(26) Par missive du Ministre de la Justice du 26 Août 1857, C. V., il est donné des prescriptions au sujet des autorisations à donner, et par celle du 18 Septembre 1857, C. V., il fixe les conditions de transport de gibier, dans les champs, en l'absence du détenteur du permis de chasse.

La prise d'animaux nuisibles n'est défendue nulle part dans cette loi ; il ne peut donc être question d'une autorisation exceptionnelle. (Arrêt du Conseil supérieur du 21 Octobre 1862, W.v.T' R.2427.)

ARTICLE 27.

La vente, l'exposition en vente, le transport de gibier ou de poisson, pendant la fermeture de la chasse ou de la pêche sont interdits, mais ils sont encore permis pendant les quinze jours qui suivent cette fermeture.

Le transport de gibier en rase campagne, à l'écart des chemins et sentiers publics, est également défendu en temps de chasse ouverte, à moins que celui-là même qui transporte, ou celui qu'il accompagne, soit pourvu d'un permis de chasse ou que, pour le transport, il soit délivré par le chef de l'administration de la commune où celui qui fait le transport est domicilié, une autorisation gratuite, laquelle devra à première réquisition être montrée aux fonctionnaires chargés de la surveillance de la chasse et de la pêche.

Le transport de gibier ou de poisson d'une province où la chasse ou la pêche est ouverte à une autre province où celle-ci est fermée est rendu licite par une déclaration d'origine, même à une disjonction, à délivrer par le chef de l'administration de la commune où l'expéditeur est domicilié, ou bien de celle où le gibier est tué ou le poisson pris.

Le transport de poisson, provenant d'une pêcherie qui n'a pas de communication avec une autre, mentionnée dans l'art. 13, lettre *b*, est garanti de la même façon.

L'importation ou le transport à travers le royaume, de gibier ou de poisson de l'étranger, est assuré par un passe-port étranger ou de transit.

Les demandes pour obtenir cette déclaration d'origine ou le passe-port, sont, comme ces pièces mêmes, affranchies du timbre.

Ces dernières sont, à première réquisition, montrées aux employés chargés de la surveillance de la chasse et de la pêche.

Pendant la fermeture de la chasse et de la pêche, les employés, mentionnés dans l'art. 36 de cette loi et pourvu qu'ils soient, la maréchaussée exceptée, munis de leur acte de nomination, sont autorisés à examiner les véhicules servant au transport et les objets qui sont transportés, et de rechercher si on transporte ou vend soit du gibier, du poisson ou des œufs, contrairement à la loi ou aux règlements mentionnés dans les art. 9, 10 et 11.

Le refus ou l'empêchement de cette perquisition sont punis conformément à l'art. 40, premier paragraphe.

---

(27) Alinéa 1. — La chasse est considérée comme fermée pendant le temps où la chasse ordinaire au menu gibier est interdite, etc. (Jugement du 31 Décembre 1860, W.v.t' R.2277.)

Dernier alinéa. — La résistance à une visite de corps par un garde-champêtre de l'État, en même temps surveillant de la chasse et garde-champêtre communal, n'est pas punissable. (Arrêt du Conseil supérieur du 2 Avril 1861, W.v t' R.2269.)

ARTICLE 28.

Prendre des renards, des blaireaux, des martres, des fouines, des putois, des belettes, des chats sauvages, des loutres et des oiseaux de proie au moyen de trappes, pièges ou d'enjambées et des lapins au moyen de furets et de poches, ainsi que de creuser et de déterrer lesdits animaux, en tant que cela leur est applicable, est permis, pourvu que cela se fasse sur sa propre terre ou avec la permission écrite du propriétaire ou de l'ayant-droit, laquelle sera à montrer à première réquisition aux employés chargés de la surveillance. Cette permission écrite n'est pourtant pas exigée lorsque l'action a lieu en compagnie du propriétaire ou de l'ayant-droit.

Cette stipulation ne porte pas atteinte au droit des administrations des canaux d'établir des règlements dans l'intérêt des digues et chaussées.

---

(28) Les mots de « creuser » ou « déterrer le lapin » ne sont pas à prendre dans un autre sens que de creuser à la recherche de lapins, peu importe qu'ils soient par là pris ou non. (Arrêt du Conseil supérieur du 22 Septembre 1863, W.v.t' R.2523.)

Par la prise de lapins de la manière décrite dans cet article, on exclut la permission de prendre des lapins de cette manière et sur la terre d'un autre sans autorisation, mais on ne peut estimer que cela renferme la défense de prendre des lapins d'une autre manière dont l'article ne fait pas mention. (Arrêt du Conseil supérieur du 28 Septembre 1869, W.v.t' R. 3154.)

ARTICLE 29.

Pour les animaux nuisibles tués sur sa propre terre ou

sur celle où on est autorisé à chasser ou à tuer ces animaux, pourvu que ces terres soient situées dans les limites
des Pays-Bas, Notre Ministre chargé des choses de la
chasse et de la pêche, après avoir entendu le chef de
l'administration communale et que les conditions ci-dessus
lui paraîtront suffisamment prouvées, a pouvoir pour
accorder les primes suivantes :

Pour une renarde . . . . fl. 1.50
 » un renard . . . . » 1.00
 » un renardeau . . . . » 0.75
 » une martre, une fouine, un putois, une
   hermine, une belette. . . . . . » 0.30
 » un aigle. . . . . » 1.00
 » un faucon, un autour, un épervier, un
   milan, une buse . . . . » 0.30

Les primes ne sont payées que si les animaux sont pré-
sentés au chef de l'administration municipale, qui y fait
une marque visible.

Les primes peuvent être allouées de la même façon, par
Notre susdit Ministre, aux fonctionnaires de la police et
de l'Etat pour des animaux nuisibles, tués par eux, avec le
consentement du propriétaire ou de l'ayant-droit.

Les primes, à l'exception des hermines et des belettes,
ne sont allouées pour les quadrupèdes qu'en tant qu'ils
sont tués entre le 1er Mai et le 1er Novembre, et pour les
renardes et renards, adultes ou non, seulement s'ils sont
tués entre le 1er Mars et le 1er Novembre de chaque
année.

ARTICLE 30.

Pour assurer son droit, le propriétaire d'une troupe de
cygnes, d'une canardière reconnue, et d'un pigeonnier
reconnu, est obligé, sous réserve des droits de tiers, de

les faire enregistrer tous les ans chez Notre Commissaire de la province où le troupeau, la canardière ou le pigeonnier est situé.

Les pénalités de cette loi ne sont pas applicables à celui qui néglige cet enregistrement.

Le propriétaire du troupeau de cygnes, de la canardière ou du pigeonnier est considéré dans ce cas, et pendant la durée du non-enregistrement, comme renonçant à son droit.

Article 31.

Notre Commissaire de la province délivre gratuitement une déclaration de l'enregistrement.

Article 32.

Pour jouir de la protection de cette loi, il faut :

a. Que le propriétaire d'un troupeau de cygnes fasse enregistrer celui-ci, et les cygnes doivent être marqués d'une marque à faire connaître au bureau de l'enregistrement ;

b. Que le propriétaire d'une canardière fasse enregistrer celle-ci et la fasse délimiter à la distance prescrite par les Etats provinciaux, avec des piquets portant l'inscription :

« Canardière de...

» avec droit de délimitation à

» aunes, mesurées du milieu de la canardière. »

Article 33.

Par pigeonnier, on entend tout appareil ou construction où sont tenus des pigeons, dits pigeons des champs.

Article 34.

Sauf la stipulation dans le deuxième paragraphe de cet article, il est défendu à tout autre que le propriétaire d'un troupeau de cygnes ou d'un pigeonnier enregistrés, de tuer par une arme à feu, de prendre ou de tuer d'une autre façon quelconque, des cygnes et des pigeons, en dedans de leur enceinte et y appartenant, de ramasser des œufs de cygnes, appartenant à ce troupeau, ou de déranger des cygnes qui couvent.

Le domestique du propriétaire est également autorisé à ces actes, pourvu qu'il soit accompagné de son maître ou qu'il possède sa permission écrite, qu'il devra, à première réquisition, montrer aux fonctionnaires dont parle l'art. 36.

ARTICLE 35.

Il ne peut être constitué aucun troupeau de cygnes, canardières, ni pigeonniers, sans Notre autorisation et sans le consentement des propriétaires des terrains à employer, entendu au préalable les Etats-Députés.

A l'égard des pigeonniers, les terrains à employer sont ceux renfermés dans un cercle, tracé à une distance de 1,500 aunes autour de l'endroit où le pigeonnier doit être érigé.

La déclaration de consentement doit mentionner le nombre de couples de pigeons que l'on pourra tenir dans le pigeonnier.

Le juge, en prononçant une condamnation pour infraction à cet article, ordonne en même temps la démolition, aux frais des délinquants, de ce qui a été érigé sans Notre consentement.

---

(35) Alinéa 1. — La loi no détermine pas ce qu'il faut entendre par l'érection de troupeaux de cygnes. C'est pourquoi aussi, tenir des cygnes ou des canards et des pigeons n'est, en général, pas défendu ni considéré comme dépendant de l'autorisation du Roi ou des propriétaires impliqués. Ainsi en tenant plusieurs cygnes et ceux-ci nageant dans des eaux situées entre les terres d'autrui, on ne peut y attacher le sens d'un droit réel de troupeau de cygnes, tel que le législateur l'a, évidemment, eu seul en vue. (Arrêt du Conseil supérieur du 24 Février 1869, W.v.'t R.3007.)

Alinéa 2. — Ce n'est pas la construction d'un pigeonnier, mais c'est de tenir des pigeons dits pigeons des champs dans cette construction qui peut être considéré comme l'érection d'un pigeonnier. (Arrêt du Conseil supérieur du 26 Avril 1870, W.v.'T R.3217.)

ARTICLE 36.

Les employés de la police de l'Etat sont chargés de la surveillance de la chasse et de la pêche, tant en général qu'en particulier, ceux qui seront spécialement nommés par Notre Ministre chargé des choses de la chasse et de la pêche.

Ils veillent aux contraventions à cette loi et aux prescriptions indiquées dans les art. 9, 10 et 11.

La maréchaussée, les agents de justice et de police municipale, les employés des finances de l'Etat et municipales sont obligés à la même surveillance.

Sur la demande des propriétaires ou ayant-droit, de terres et eaux et dans leur intérêt, Notre Ministre chargé des choses de la chasse et de la pêche peut nommer des agents sans traitement de la police de l'Etat et les congédier s'il en est besoin.

Pour rechercher et constater les contraventions à cette loi et aux règlements indiqués dans les art. 9, 10 et 11, tous les employés ci-avant nommés sont autorisés à se rendre sur toutes les terres, excepté sur celles désignées dans l'art. 12 *a*.

ARTICLE 37.

Les employés désignés dans l'art. 36, à l'exception de la maréchaussée, sont obligés, quand ils dressent un procès-verbal ou exercent quelqu'autre de leurs fonctions, de montrer, s'ils y sont requis, leur acte de nomination.

ARTICLE 38.

Les employés, nommés dans l'art. 36, feront connaître

les contraventions à cette loi et aux règlements indiqués dans les art. 9, 10 et 11, par des rapports écrits ou procès-verbaux qui sont faits ou rédigés séance tenante sous le serment prêté à leur entrée en fonction, ou à défaut, à prêter dans les deux fois vingt-quatre heures après ce fait, devant le juge du canton ou bien devant le chef de l'administration municipale, soit de l'endroit où l'acte a été commis, soit de celui où les employés ou l'un d'eux demeure.

Les contraventions peuvent aussi être constatées, sans ces rapports et procès-verbal, par les moyens mentionnés dans le Code pénal.

---

(38) Est considéré, comme légalement prouvé, le fait constaté par rapport par deux gardes-champêtres, surveillants de la chasse et de la pêche, confirmé ensuite par leur témoignage. (Arrêt du Conseil supérieur du 21 Avril 1863, W.v.'t R.2480.)

ARTICLE 39.

Les rapports ou procès-verbaux sont envoyés à l'officier de justice près du tribunal de l'arrondissement dans lequel le fait a eu lieu.

Si l'affaire ne se termine pas dans les circonstances et de la façon mentionnées dans les art. 51 et 52, l'officier envoie le rapport ou procès-verbal au fonctionnaire du ministère public près le tribunal du canton, sous la juridiction duquel l'acte est commis, afin d'agir et de poursuivre selon le Code pénal.

Néanmoins si la contravention ne consiste qu'en le fait d'avoir chassé ou pêché sur la terre ou dans l'eau d'autrui, ou bien d'avoir pris des grives, des alouettes et pinsons, cherché et ramassé des œufs de vanneau, sans la permission écrite du propriétaire ou de l'ayant-droit, dont parlent l'art. 2, premier paragraphe, art. 21 *e* ou l'art. 22, l'accusé peut prévenir ou arrêter les poursuites par la production et l'envoi d'une déclaration écrite, non timbrée, du propriétaire ou de l'ayant-droit, que celui-ci ne désire pas de poursuites pour le fait mis à la charge de l'accusé.

Cette déclaration doit être envoyée à l'officier de justice, avec le paiement des frais judiciaires déjà faits, dans les quinze jours de la date du procès-verbal, sous peine de nullité.

---

(39) A la règle établie par l'art. 23 du Code pénal à l'égard du *forum competentiæ* en trois points, concernant la compétence du juge cantonal, la nouvelle loi sur la chasse a fait une exception dans l'art. 39, deuxième paragraphe, en connexion avec le premier paragraphe, en tant que le fonctionnaire du ministère public est seul chargé des poursuites près de ce Tribunal de canton sous la juridiction duquel le fait a été commis. (Arrêt du Conseil supérieur du 20 Septembre 1864, W.v.'t R.2626.)

ARTICLE 40.

Les contraventions à cette loi et aux règlements mentionnés dans les art. 9, 10 et 11, hormis ce qui est stipulé dans les deux articles suivants, sont punies :

Les contraventions à la chasse d'une amende de dix à vingt florins ; celles à la pêche d'une amende de trois à dix florins.

Si la contravention ne consiste qu'en le fait de ne pas montrer à première réquisition soit l'acte déjà obtenu ou la permission gratuite, le consentement ou bien l'autorisation spéciale, il sera infligé une amende de trois florins en fait de chasse ou de un florin en fait de pêche.

La saisie des appareils autorisés de chasse ou de pêche et d'autres objets spécifiés dans l'art. 45 *c* n'est pas appliquée dans les cas déterminés par le deuxième paragraphe de cet article.

---

(40) Alinéa 2. — Cet alinéa n'est pas applicable au non exhiber à première réquisition de l'acte déjà obtenu, peu importe que l'on eut ou non cet acte sur soi, au moment du procès-verbal. (Arrêt du Conseil supérieur du 1er Décembre 1879, C. V.)

ARTICLE 41.

Le double des amendes spécifiées dans l'article précé-

dent, avec ou sans emprisonnement de sept jours au plus
est infligé, lorsque la contravention est commise :

a. Par un des employés nommés dans l'art. 36 ;

b. La nuit, c'est-à-dire plus d'une heure avant le lever
ou plus d'une heure après le coucher du soleil ;

c. Avec résistance de fait contre les employés autorisés,
sans préjudice de la peine encourue suivant le Code pénal
à cause de cette résistance ;

d. Par des personnes qui, dans les douze mois précédant
la contravention, ont été condamnées pour contravention
aux prescriptions sur la chasse ou la pêche, ou qui ont
évité les poursuites par paiement volontaire ;

Cette stipulation n'est pas applicable aux cas prévus
dans le deuxième paragraphe de l'art. 40.

e. A l'aide de l'instrument dit tord-cou, de cannes à
épée, de pistolets ou autres armes cachées, filets longs,
filets de barrage, lacets à gibier ou à lapins ou de moyens
de prendre le poisson en l'étourdissant ;

f. Sur les terres ou les eaux décrites dans les art. 12 *a*
et 13 *b*.

La même peine est infligée lorsque le délinquant, au
moment du procès-verbal, est trouvé en possession d'un
ou plusieurs des objets désignés sous lett. *e* de cet article.

(40, 41). Voir l'article 14, dernier paragraphe.

(41 *e*). Le mot « lacets à lapins » est porté dans l'art. 41 pour mettre
cet article en rapport avec l'art. 15, deuxième alinéa, parce que dans ce
dernier il est parlé de lacets (pièges) à lapins, non pas pour soumettre la
capture de lapins comme animaux nuisibles à des restrictions, mais
pour prévenir que l'on puisse prendre impunément du gibier par l'emploi de pièges à lapins, lesquels sont difficiles à distinguer de ceux à
gibier.

La capture de lapins au moyen de pièges à lapins n'est donc en soi-
même défendue nulle part dans la loi sur la chasse. (Arrêt du Conseil
supérieur du 28 Septembre 1869, W.v.'t R.3154.)

Dernier alinéa. — Pour l'interprétation de l'expression « au moment
du procès-verbal », voir l'arrêt du Conseil supérieur du 28 Août 1860,
W.v.'t R.2200.)

ARTICLE 42.

Une amende de quarante à soixante florins, avec ou

sans emprisonnement de sept à quatorze jours , est infligée :

a. Lorsque le délinquant, au moment du procès-verbal, est noirci à la figure, masqué, ou s'est rendu d'une façon quelconque méconnaissable , ou bien s'il a donné un faux nom ;

b. Pour l'emploi ou le fait d'avoir avec soi des filets-traîneaux ;

c. Lorsque la contravention est commise par une réunion de plus de quatre personnes.

La peine est doublée dans les cas de l'article précédent.

ARTICLE 43.

A chaque condamnation , le juge stipule que si le condamné, deux mois après en avoir été requis, reste en défaut pour acquitter les amendes ou frais de procès ou de livrer les objets confisqués, ou d'en payer la valeur déterminée par l'estimation ou par le jugement conformément à l'art. 45, la peine infligée sera remplacée par l'emprisonnement.

La durée de l'emprisonnement est :

Dans les cas prévus par l'art. 40, de trois à sept jours, dans ceux de l'art. 41 de sept à quatorze jours, et dans ceux de l'art. 42 de quatorze jours à un mois.

Cet emprisonnement et celui infligé en vertu de l'art. 42, ne peuvent pas dépasser, ensemble, la durée de six semaines.

---

(43) Voir au sujet de cet article la loi du 22 Avril 1864, S. 29, contenant des stipulations pour les cas de défaut de paiement en matière pénale.

ARTICLE 44.

En cas d'un concours de plusieurs contraventions commises simultanément par la même personne ou par les mêmes personnes, il n'est infligé qu'une seule peine, laquelle sera la plus forte, si plusieurs peines sont applicables.

Ce qui précède n'est pas applicable à la contravention spécifiée dans le premier paragraphe de l'art. 2, laquelle est toujours punie séparément.

ARTICLE 45.

Sont confisqués au profit du Trésor de l'Etat :

a. Les appareils de chasse ou de pêche dont, suivant cette loi et les règlements mentionnés dans les art. 9 et 10, l'usage n'est pas permis, les armes cachées et autres, et les objets énumérés dans la dernière partie de l'art. 15 et dans l'art. 41 *e ;*

b. Les appareils autorisés de chasse et de pêche, en possession de quelqu'un, chassant ou pêchant, ou se trouvant en opposition avec l'art. 20, en campagne avec une arme à feu chargée, pendant la fermeture de la chasse ou de la pêche, ou sans avoir obtenu l'acte de chasse ou de pêche nécessaire, ou la permission gratuite, le consentement ou l'autorisation spéciale des art. 6, 16 ou 26, l'arme à feu dont on refuse la remise pour la vérifier étant considérée comme chargée ;

c. Le gibier, le poisson, les lapins ou autres animaux nuisibles, et les œufs, illégalement pris ou ramassés, vendus sans être livrés, mis en vente, colportés ou transportés.

Les employés, dont parle l'art. 36, saisiront ces objets ou en fixeront la valeur, dont il est fait ensuite mention dans le rapport ou le procès-verbal. Le juge peut, s'il y trouve motif, modifier ou changer cette valeur.

Les filets traîneaux, les filets longs, les filets de barrage et les pièges ou lacets à lapins et à gibier ne sont pas évalués, mais ils sont toujours saisis.

Les appareils de chasse et de pêche et autres objets

saisis par les employés autorisés, sont, dans les quatre jours du procès-verbal, marqués par ces employés et transportés au greffe du Tribunal du canton sous la juridiction duquel le délit a été constaté, soit par les employés eux-mêmes, soit par l'intermédiaire du Maire de l'endroit où ils sont domiciliés.

Si la saisie ou l'évaluation suivant le deuxième paragraphe de cet article, des objets ci-avant nommés n'a pu avoir lieu, ou si les employés l'avaient négligée, la valeur de ces objets sera fixée par le juge, lors de la condamnation.

A défaut de livrer ultérieurement ces objets, le condamné sera tenu au paiement de la valeur fixée selon le deuxième paragraphe, ou le cas échéant selon le dernier paragraphe précédant celui-ci.

Les objets saisis, en opposition avec lettres *a*, *b* et *c* de cet article, sont restitués à l'ancien possesseur, par ordre du juge, ou, si l'affaire n'est pas poursuivie, par ordre de l'officier de justice.

Par appareil de chasse, on ne comprend pas, dans cet article, les faucons, les buses et les chiens.

(45) Un fusil dont la remise, au moment du procès-verbal, est refusée, doit être considéré comme chargé. (Jugement du 18 Novembre 1858, W.v.'T R.2018.)

En chassant simplement sur de la neige à piste, il n'y a pas lieu à confiscation. (Arrêt du Conseil supérieur du 26 Mai 1863, W.v.'T R.2498.)

Alinéa 4. — Nulle part la loi n'exige, comme condition de légalité d'une saisie, une sommation préalable de la remise volontaire de l'appareil de chasse qui a été employé. (Arrêt du Conseil supérieur du 30 Juin 1862, W.v.'T R.2394.)

ARTICLE 46.

Les appareils de chasse ou de pêche et autres objets abandonnés par des contrevenants inconnus restent acquis au Trésor de l'Etat dans le cas où ils ne sont pas, dans les trois années qui suivent, réclamés par celui qui prouve qu'ils lui ont été volés ou qu'il les a perdus.

ARTICLE 47.

Les appareils de chasse et de pêche saisis ou livrés
ultérieurement, dont l'usage, selon cette loi et les règlements mentionnés dans les art. 9 et 10, n'est pas permis,
seront détruits.

Le juge ordonne la destruction lorsque le fait lui est
soumis pour en connaître.

A l'égard des appareils de chasse et de pêche non
défendus, c'est l'art. 22 de la loi du 29 Juin 1854 (*Journal
officiel* n° 102) qui est applicable.

(47) Dernier alinéa.— L'art. 22 de la loi désignée est ainsi conçu : La destruction ou la mise hors d'état de service d'outils ou d'autres objets confec-
tionnés, rendus propres ou ayant servi à commettre un méfait, peut être
ordonnée dans le jugement.

ARTICLE 48.

Le gibier, le poisson, les œufs, les lapins et autres
animaux nuisibles, saisis, sont aussitôt que possible remis
aux fonctionnaires du ministère public près du Tribunal
du canton sous la juridiction duquel la saisie a eu lieu, et
vendus sur leur autorisation.

Le rapport en numéraire reste, en ce qui concerne des
contrevenants connus, déposé chez eux jusqu'à ce que
l'affaire soit terminée par décision judiciaire ou autrement,
et en ce qui concerne des contrevenants inconnus, il est
porté au greffe du Tribunal de canton.

ARTICLE 49.

Les employés, mentionnés dans l'art. 36, ont pouvoir
pour arrêter le délinquant qui leur est inconnu et le conduire à l'officier de justice ou l'officier-adjoint le plus
proche, afin de rester prisonnier jusqu'à ce que l'officier
ou le juge aura ordonné sa mise en liberté ou jusqu'à ce

que l'on ait mis caution pour l'amende et pour la valeur des objets soumis à la confiscation, ou bien jusqu'à ce que ces objets soient livrés.

Le montant de la caution est fixé par l'officier. L'officier, s'il y trouve motif, délivre dans les deux fois vingt-quatre heures, un ordre d'arrestation provisoire. Cet ordre est confirmé par le Tribunal dans les six jours après l'arrestation, suivant le premier paragraphe de l'article, à défaut de quoi l'accusé sera de plein droit et sans aucune autre formalité mis en liberté.

Aussitôt que les motifs d'arrestation n'existent plus, la mise en liberté est ordonnée immédiatement.

Si l'ordre d'arrestation provisoire n'est pas encore confirmé par le Tribunal, la mise en liberté est ordonnée par l'officier; si cet ordre est confirmé, c'est le Tribunal qui ordonne la mise en liberté.

-----

(49) Dernier alinéa. —Voyez les arrêts du Conseil supérieur du 29 Décembre 1857 et du 28 Avril 1858, W. v. 'T R. 2025.)

ARTICLE 50.

Aux employés mentionnés dans l'art. 36, il peut être alloué, de la façon et de l'importance ultérieurement à fixer par Nous, une prime pour chaque procès-verbal qui a eu pour résultat la saisie ou la livraison ultérieure d'appareils de chasse ou de pêche, dont l'emploi, d'après cette loi ou les règlements dont elle parle, n'est pas permis, y compris les armes cachées et autres objets énumérés à la fin de l'art. 15 et dans l'art. 41 *e*.

-----

(50) Les primes dont parle cet article sont fixées par décret du 20 Juin 1857, tandis que le modèle pour prouver par écrit le droit à ces primes est fixé par missive du Ministre de la Justice du 26 Juin 1857.

ARTICLE 51.

La personne à qui l'on a dressé procès-verbal à cause

d'une contravention qui entraîne une amende sans emprisonnement, peut, dans les quinze jours du procès-verbal, se rendre chez l'officier de justice du Tribunal de l'arrondissement où la contravention a été commise, afin de prévenir par paiement volontaire d'une somme, à fixer, la condamnation ainsi que la confiscation de l'appareil de chasse ou pêche permis et des objets dénommés dans l'art. 45 *c*.

L'officier de justice, jugeant, après avoir, au besoin, consulté Notre Commissaire de la province, que le caractère peu grave de la contravention ou des circonstances atténuantes, permettent un arrangement, fixe l'amende pour contraventions de chasse à trois florins au minimum et au maximum à quinze florins ; pour des contraventions de pêche à un florin au moins et à dix florins au plus, et la valeur de l'appareil de chasse ou de pêche et d'autres objets à quinze florins au plus.

Dans le cas décrit au deuxième paragraphe de l'art. 40, l'amende peut être réduite à un florin, ou en affaire de pêche à cinquante cents.

Dans le délai à fixer par l'officier, le contrevenant ou un tiers, délégué par lui, doit apporter à l'officier la quittance du receveur de l'enregistrement compétent.

A défaut de quoi l'action judiciaire se poursuit.

ARTICLE 52.

Sans préjudice des stipulations dans l'article qui précède, l'art. 254 du Code pénal est applicable lorsqu'il s'agit des contraventions qu'on y a en vue, avec cette réserve que le délinquant peut prévenir la poursuite judiciaire en payant volontairement le maximum de l'amende plus les frais, et faisant la remise des objets soumis à la confiscation ou de leur valeur en espèces.

---

(52) Art. 254 est ainsi conçu : Lorsque, dans des affaires de police, la

loi ou d'autres règlements publics n'ont pas prescrit, pour la contravention, une peine plus forte qu'une simple amende, l'accusé pourra prévenir l'action judiciaire en payant volontairement le maximum de cette amende, plus les frais s'il était déjà assigné.

Dans ce cas, l'amende ne pourra être versée au receveur compétent que sur l'autorisation écrite du ministère public visée par le juge du canton, auquel ministère public et dans le délai par lui fixé, l'accusé fera parvenir la quittance du receveur.

ARTICLE 53.

L'art. 463 du Code pénal et l'art. 20 de la loi du 29 Juin 1854 (*Journal officiel* n° 102) peuvent être appliqués en matière de chasse ou de pêche.

---

(53) L'art. 463 est ainsi conçu : Dans tous les cas où la peine de l'emprisonnement est édictée par ce Code, les tribunaux sont autorisés, si le préjudice causé n'excède pas vingt-cinq francs et si les circonstances semblent diminuer la gravité du délit, à réduire l'emprisonnement même à moins de six jours, et l'amende même à moins de seize francs. Ils pourront aussi infliger l'une ou l'autre de ces peines, séparément, sans que, en aucun cas, elle puisse être en dessous des simples punitions de police.

L'art. 20 est ainsi conçu : L'art. 463 du Code pénal peut être appliqué aussi lorsque le dommage causé dépasse les vingt-cinq francs, ou si le Code pénal n'édicte contre le délit qu'une simple amende.

Il s'applique aux cas prévus par les art. 5, 6, 10, 11, 12, 14, 15, 16, 17, 18 et 19 de cette loi.

Il est aussi applicable à une première contravention de police ou celle commise ultérieurement, prévues dans le Code pénal, avec cette extension que l'application de l'emprisonnement édicté pour ces faits, n'est plus, en aucun cas obligatoire.

ARTICLE 54.

Au bout d'un an, il y a prescription pour les contraventions à cette loi et aux ordonnances et règlements mentionnés dans les art. 9, 10 et 11.

Pour les peines infligées, il y a prescription au bout de deux ans, à compter du jour où le jugement a été prononcé.

ARTICLE 55.

En ce qui concerne la chasse et la pêche, tous les employés, mentionnés dans l'art. 36, excepté la maréchaussée, sont autorisés, et, à l'exception des employés sans traitement, obligés à faire gratuitement des exploits et toutes autres expéditions judiciaires qui d'habitude sont faites par les huissiers.

ARTICLE 56.

Le deuxième paragraphe de l'art. 2 de la présente loi est sans effet sur les contraventions de fermage ou de loyer faites avant la promulgation de la loi du 6 Mars 1852 (*Journal officiel* n° 47).

Néanmoins le métayer non libre, dont la convention était conclue avant la promulgation de la loi ci-avant et qui, ni par suite de la convention, ni pour un autre motif ne possède la jouissance de la chasse et de la pêche sur le sol aliéné, peut se procurer cette jouissance pendant la durée de la contravention à un prix à fixer de la manière décrite dans l'art. 3.

ARTICLE 57.

Le fonds de secours pour les surveillants de la chasse et de la pêche âgés et infirmes, pour leurs veuves et orphelins, mentionné dans l'art. 50 de la loi du 6 Mars 1852 (*Journal officiel* n° 47) reste exister jusqu'à ce que la loi en ait disposé ultérieurement.

En attendant *deux tiers* de toutes les amendes pécuniaires, imposées en vertu de l'art. 40 de cette loi, restent acquis au Trésor de l'Etat et *un tiers* au fonds susdit.

(57) Par la loi du 24 Juin 1863, S. 73, ce fonds est supprimé.

ARTICLE 58.

La stipulation de l'art. 1er de la loi du 29 Juin 1854

(*Journal officiel* n° 103) est applicable aux contraventions à cette loi et aux règlements et ordonnances, mentionnés dans les art. 9, 10 et 11.

(58) Art. 1er de la loi indiquée dit : En première instance, il est soumis au ressort des juges de canton et sous ce rapport soustrait à la juridiction des tribunaux d'arrondissement :

a. Etc.

b. Les contraventions à la loi sur la chasse et la pêche du 6 Mars 1852, S. 47.

c. Etc.

— Les contraventions ont conservé leur caractère de délit (ou caractère délictueux). (Arrêts du Conseil supérieur du 6 Mai 1863, W.v.'T R.2485, et du 12 Juin 1867, W.v.'T R.2923.)

ARTICLE 59.

Cette loi reçoit son effet à partir du 1er Juillet 1857.

Ordonnons qu'elle sera insérée dans le *Journal officiel* et que tous les départements ministériels, autorités, collèges et fonctionnaires qu'elle concerne, tiendront la main à sa stricte exécution.

Donné à La Haye, le 13 Juin 1857.

(*Signé*)   GUILLAUME.

Le Ministre de la Justice,

(*Signé*)   J. J. L. V. D. BRUGGHEN.

Prom. 24 Juin 1857.

SUPPLÉMENTS

Arrêté du Ministre de la Justice du 15 Janvier 1858, contenant prescription pour l'exécution de la loi du 13 Juin 1857, S. 87, sur la chasse et la pêche.

Vu les circulaires des 13 et 16 Juin 1857, n°ˢ 118 et 162, 16 Juin 1857, n° 161 et 18 Juin 1857, n° 138 ;

Vu l'arrêté de Sa Majesté du 20 Juin 1857, n° 91, concernant les primes pour procès-verbaux dressés ;

Vu les circulaires des 29 Juin 1857, n° 109 ; 17 Juillet 1857, n° 135 ; 20 Août 1857, n° 153 ; 26 Août 1857, n° 112 ; 4 Septembre 1857, n° 115 ; 18 Septembre 1857, n° 95 ; 22 Septembre 1857, n° 115 ; 26 Septembre 1857, n° 132 ; 15 Octobre 1857, n° 82 ; 18 Décembre 1857, n° 104 et 2 Janvier 1858, n° 113.

A décidé :

De remplacer, en rapport avec l'exécution de la loi du 13 Juin 1857 (S. n° 87) sur la chasse et la pêche, par les prescriptions suivantes, les points d'administrations établis le 10 Mai 1852, par le Ministre de l'Intérieur pour l'exécution de la loi du 6 Mars 1862 (S. n° 47) en tant qu'ils ne soient déjà revus ou modifiés par les circulaires précitées :

1. Chacun, qui désire un acte de chasse ou de pêche, doit le faire connaître par demande écrite, signée, à adresser au Commissaire du Roi de sa résidence.

2. La demande en blanc, à obtenir gratuitement chez le Maire de la commune, indique quel acte on désire et contient une déclaration qu'on est prêt à acquitter le droit et le timbre dus pour l'acte, au bureau de l'enregistrement à désigner à cet effet.

3. La demande, remplie et signée, est adressée au Maire de la commune qui l'envoie, avec ses considérations, au Commissaire du Roi.

4. Dans le cas où, pour des motifs légitimes, l'acte ne peut être délivré, il en est donné connaissance au requérant par l'intermédiaire du Maire.

5. La réclamation des droits se fait par le receveur de l'enregistrement du ressort où le requérant est domicilié.

6. Chaque année, le Commissaire du Roi envoie le plus tôt possible au Bureau général du timbre à La Haye, le

nombre d'actes en blanc de chaque sorte dont il prévoit le besoin probable pour la saison qui doit s'ouvrir, afin d'être pourvus du timbre requis.

Les actes en blanc, remplis selon la requête, sont envoyés par le Commissaire du Roi, pourvus du timbre, aux receveurs, afin d'en réclamer le paiement, accompagnés d'un état détaillé pour chaque bureau d'administration.

7. Il n'est pas donné deux actes de pêche au nom d'une seule et même personne.

8. Le Commissaire du Roi informe en même temps de l'envoi le directeur de l'enregistrement en lui remettant un relevé du nombre et du montant de chaque sorte d'actes de chasse et de pêche destinés respectivement aux bureaux de l'enregistrement.

9. Les actes et les permis, dénommés dans l'art. 6 de la loi, sont pourvus d'un signe qui indique la saison pour laquelle l'acte ou le permis a été délivré. Ce signe sera pour la saison 1857/58 : 1, pour la saison 1858/59 : 2, et ainsi de suite.

10. Quand le receveur s'aperçoit d'une erreur dans un acte, il la signalera au Commissaire du Roi.

11. Le receveur invite l'intéressé à venir prendre l'acte par un billet d'avertissement où est mentionné le montant des droits dus.

12. Au paiement, le receveur met sa quittance sur l'acte.

13. La permission gratuite pour prendre des bécasses avec des filets tendus, mêlés ou à piège, ou pour exercer la pêche avec un appareil de pêche, est demandée par demande écrite au Commissaire du Roi, à remettre au Maire de la Commune, qui l'envoie au Commissaire du Roi avec des considérations.

Il n'est pas délivré, à une seule et même personne, deux permissions gratuites pour la pêche avec un appareil.

14. Les demandes, dont il est parlé sous le nº 13, contiennent l'indication :

1º Modèle nº 4 *a.* Que la permission gratuite pour prendre des bécasses avec les filets sus-nommés est demandée, étant au service de personnes autorisées à la chasse, et

2º Modèle nº 4 *b.* De l'appareil avec lequel on désire pêcher, du nom du propriétaire de l'eau où l'on pêchera et de la commune où cette eau est située.

L'un et l'autre confirmés par la déclaration du Maire compétent.

15. Les permissions sont délivrées aux intéressés par l'intermédiaire des Maires.

16. Pour le transport de gibier ou de poisson, le Maire de la commune délivre un billet dans lequel, outre les noms de l'expéditeur et de celui du destinataire, sont décrits le gibier ou le poisson avec indication de la durée de la validité de ce billet qui sert en même temps comme déclaration d'origine.

17. Le Maire tient un registre de ces billets délivrés.

18. Les receveurs de l'enregistrement paient sur mandat, comme avance, les primes pour les animaux nuisibles tués.

19. Les avances faites par les receveurs de l'enregistrement, comme primes pour les animaux nuisibles tués et comme primes pour des procès-verbaux mentionnés dans les circulaires des 26 et 29 Juin 1857, nᵒˢ 199 et 109, et du 18 Décembre 1857, nº 101, sont régularisées pour les besoins du Trésor de l'Etat de la manière prescrite par les règlements généraux de comptabilité.

20. Par le gouvernement provincial, il est établi des registres pour y inscrire les canardières, pigeonniers et troupeaux de cygnes soumis à l'enregistrement, avec indication :

a. De la commune où ils sont situés ;

b. De l'étendue du cercle de délimitation de chaque canardière ;

c. Du nombre de couples de pigeons qu'il est permis de tenir à chaque pigeonnier ;

d. Les marques des cygnes, appartenant à chaque troupeau ;

e. L'époque à laquelle l'enregistrement a été fait.

21. Les demandes d'enregistrement sont adressées au Commissaire du Roi de la province où la canardière, le pigeonnier ou le troupeau de cygnes est situé, mais si le requérant habite dans la même province, elles peuvent être remises au Maire de son domicile qui les envoie avec ses considérations au Commissaire.

22. A la première demande d'enregistrement d'un troupeau de cygnes, d'une canardière ou d'un pigeonnier, il faut produire le dernier acte de leur enregistrement, obtenu selon la loi du 11 Juillet 1814 (S. n° 79), ou bien la preuve de consentement à l'établissement du troupeau, de la canardière ou du pigeonnier accordé suivant l'art. 35 de la loi du 13 Juin 1857 (S. n° 87).

23. La preuve, gratuite, d'enregistrement est délivrée, si le requérant est domicilié dans la même province, par le Maire de la commune.

24. La réclamation des amendes et des objets confisqués et le paiement, par avance, des mandats de primes pour procès-verbaux, est fait par les receveurs de l'enregistrement.

25. Avant le 5 de chaque mois, les receveurs de l'enregistrement envoient, au Commissaire du Roi de la province, un état des amendes réclamées dans le dernier mois écoulé et des objets confisqués et des objets soumis à la confiscation à eux délivrés.

26. De ces états il est envoyé mensuellement, par le Commissaire du Roi, un état général au Ministre de la Justice.

27. Après chaque année d'exercice, il est dressé par les receveurs et par l'intermédiaire du département des finances, envoyé au Ministre de la Justice, des états indiquant ce qui a été reçu :

a. Pour droit et timbre d'actes de chasse et de pêche accompagné des états n° 3 détaillés, et

b. Pour les amendes et les objets confisqués avec indication du tiers, comme part dans les amendes, au profit du fonds de secours de surveillants âgés et impotents, de leurs veuves et orphelins (1).

(1) Ce fonds est supprimé par la loi du 24 Juin 1863, S. 73.

28. Les actes qu'on n'est pas venu prendre dans le courant de l'année sont renvoyés par le receveur de l'enregistrement, à titre de reçus, avant le 10 Janvier qui suit, au Commissaire du Roi.

29. Avant le 10 Janvier, le Commissaire du Roi envoie au Ministre des Finances un état général, mais divisé par bureaux, indiquant le nombre, la sortie et le montant, tant des droits que du timbre, de tous les actes délivrés dans le courant de l'année écoulée.

30. Au bout de chaque année d'exercice, les Commissaires du Roi dans les provinces envoient, au Ministre de la Justice, un relevé du nombre d'actes de chaque sorte délivrés dans leur province dans l'année, ainsi que des permissions gratuites accordées pour prendre des bécasses avec des filets tendus, emmêlés ou à piège et pour la pêche.

La Haye, 15 Janvier 1858.

Le Ministre sus-nommé,
(*Signé*) J. J. L. v. d. Brugghen.

Arrêté du Ministre des Finances, du 20 Mai 1874, concernant les demandes de permissions pour la pêche dans les eaux de l'État.

Le Ministre, revu les décisions contenant des exemples ou formules pour délivrer des permissions gratuites de pêcher dans des eaux non affermées de l'Etat, dont les principales sont celles du 28 Juin 1852, n° 152, du 31 Octobre 1872, n° 44 et du 31 Mai 1873, n° 128 ;

A décidé :

A. D'annuler toutes les décisions ci-dessus mentionnées et d'établir les prescriptions suivantes :

1° Les directeurs de l'enregistrement et des domaines, sauf ceux du Brabant septentrional, du Limbourg, de la Zélande et de la Hollande méridionale, sont autorisés à délivrer la permission mentionnée dans l'art. 2 de la loi du 13 Juin 1857 (S. n° 87) de pêcher dans les eaux de l'Etat, dont la pêche n'est pas affermée.

2° Ces permissions ne sont délivrées qu'aux détenteurs d'actes de pêche, grands et petits.

3° Les permissions ne sont pas données à ceux qui sont connus comme braconniers, ce qui reste à l'appréciation du directeur.

4° Les permissions expirent au 30 Juin qui suit le jour de leur effet.

5° Les formules n° 47 et 47 *a* sont employées pour les permissions.

6° Les permissions pour l'Yssel, en dessous du point où cette rivière arrive *pour la première fois* sur le territoire de la province d'Overyssel, sont délivrées par le directeur à Zwolle (1), celles pour le Rhin, en tant qu'il forme la limite entre les provinces de Gueldre et d'Utrecht, par le directeur à Amsterdam.

---

(1) L'Overyssel et la Gueldre ne forment plus maintenant qu'une seule direction. Le siège du directeur est Arnhem.

En dehors de cela, chaque directeur ne donne des permissions que pour les eaux situées dans son ressort.

7° Au mois de Mai de chaque année, les directeurs dénommés font appel aux intéressés pour qu'ils fassent leurs demandes. Ces appels se font par une annonce dans les journaux qui sont le plus généralement lus, dans les localités qu'habitent les pêcheurs.

8° Les demandes de permissions s'adressent au receveur de l'enregistrement et des domaines dans le ressort duquel le requérant est domicilié, en les faisant accompagner de son acte de pêche et indiquant la sorte de permission que l'on désire et de l'eau dans laquelle on désire pêcher.

9° Le receveur rend immédiatement l'acte au requérant et, sauf les cas d'urgence, communique chaque semaine les demandes au directeur compétent. Il indiquera en même temps :

a. Les droits de pêche de tiers existants, selon son registre, dans les eaux pour lesquelles on demande la permission d'y pêcher ;

b. Les condamnations que les requérants ont subies pendant les deux années précédentes pour braconnage en fait de pêche.

Le receveur puise ces renseignements dans son mémorial n° 18.

10° Les permissions accordées sont envoyées par le directeur au receveur qui en a reçu la demande. Celui-ci les remet aux intéressés après encaissement de ce qui, de ce chef, est dû.

11° Quand des personnes, qui n'ont pas d'acte de pêche pour l'obtention de la permission gratuite du Commissaire du Roi, mentionnée dans l'avant-dernier paragraphe de la susdite loi, demandent au directeur ou au receveur la permission de pêcher dans une eau de l'Etat non affermée, les stipulations qui précèdent sont applicables avec ces modifications :

    1° Que la permission ne soit accordée que selon la formule **47** *a* ;

    2° Qu'elle n'est pas remise au requérant, mais envoyée au Commissaire du Roi avec la prière, s'il accorde la permission gratuite, de l'envoyer avec celle-ci au receveur pour en faire la remise et, dans le cas contraire, de la retourner.

    Le receveur donne avis au directeur de la réception des permissions, et perçoit les sommes dues de ce chef.

12° Dans les permissions, la superficie de l'eau pour laquelle on demande la permission de pêche doit être exactement décrite en indiquant ses limites.

Celles-ci doivent toujours être établies de façon qu'elles n'enclavent pas des parties de rivières qui sont affermées par l'État ou bien où des tiers possèdent le droit de pêche incontesté et exclusif.

La délimitation consiste en mentionnant des points des rivages.

13° Les directeurs inscrivent, dans un registre qui est spécialement destiné à cet objet, toutes les permissions avec les noms et domiciles des détenteurs, la sorte de l'acte de pêche et de la permission, la date et la description de l'eau où la pêche a lieu.

14° Dans le courant du mois de Juillet, ils envoient au Ministre un relevé des permissions qui ont été délivrées pour l'année expirée le 30 Juin précédent.

B. Que cet arrêté doit être appliqué à commencer avec les permissions pour l'année de pêche qui s'ouvre le 1ᵉʳ Juillet 1874.

Le Secrétaire-Général,
(Signé)   BARTSTRA.

N° 47. N°.

—

DOM. *Permission pour pêcher dans les eaux de l'Etat.*

SUPPLÉMENT A LA LOI

du 13 Juin 1857, S. 87.

POUR L'ORGANISATION DE

LA CHASSE ET LA PÊCHE

———

Loi du 14 Avril 1886, S. 61, contenant modification de quelques stipulations de la loi du 13 Juin 1857 (S. 87) pour l'organisation de la chasse et la pêche.

Nous, Guillaume III, etc..., faisons savoir :

Ayant pris en considération que, par suite de la convention conclue le 30 Juin 1885, à Berlin, entre les délégués des Pays-Bas, de l'Allemagne et de la Suisse, pour régler la pêche du saumon dans le domaine fluvial du Rhin, il convient que certaines stipulations de la loi du 13 Juin 1857 (S. n° 87) soient modifiées, il en résulte, etc... :

Art. 1er. — L'art. 10 de la loi du 13 Juin 1857, dit :

« La manière d'exercer la pêche du saumon et de l'alose (1) sera, etc. »

———

(1) L'art. 10, tel qu'il est rédigé dans la loi traduite ici, ne parle pas de l'alose.

(Note du traducteur).

En modification de cette loi, les peines fixées pour les contraventions à la réglementation indiquée dans l'art. 10, pour les cas prévus par l'art. 40, sont fixées à une amende d'au moins *cinquante cents* et au plus de *deux cents florins ;* dans les cas de l'art. 41, l'amende est de *cinquante cents* au moins et de *quatre cents florins* au plus ou une détention de un jour au moins et de trois mois au plus ; pour les cas de l'art. 42, l'amende est de *cinquante cents* au moins et de *six cents florins* au plus ou une détention de un jour au moins et de quatre mois au plus, et se doublant, le cas échéant, conformément au dernier paragraphe de l'art. 42.

A partir du 1er Septembre 1886, les faits mentionnés dans cet article seront considérés comme contraventions, et la détention qu'ils entraînent comme pénalité sera remplacée par un emprisonnement de même durée.

Cette loi reçoit son effet le 1er Juin 1886.

Ordonnons, etc.

Donné à La Haye, le 14 Avril 1886.

(Signé) GUILLAUME.

Le Ministre, etc.

Lille.—Imp. Lefebvre-Ducrocq